The Balloon Animals アクティビティブック できたね！シール

よびシール

じぶんのすきな できたね！シールを つくろう

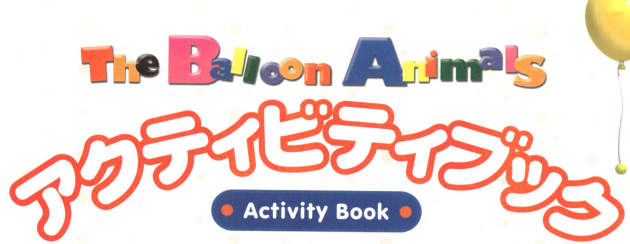

The Balloon Animals
アクティビティブック
Activity Book

Written by
Patricia Daly Oe
Mari Nakamura

はじめに

風船で作られたいろいろな色の動物が登場します。最後にバルーンどうぶつたちが企てたあっと驚くパフォーマンスとは？ クリアな色、立体的な絵、面白いアクティビティを通して、色と動物の名前を学びましょう。

Animals made from balloons in various colors get together. The final scene is a big surprise. Learn the names for colors and animals with the clear colors, 3-D-style artwork and fun activities.

もくじ Table of contents

ことばをまなぼう

えじてん ……… 4
Picture dictionary
絵本に出てくる単語を練習します。

シールをはろう ……… 6
Fun with stickers
何の絵か考えてシールを貼ります。

さがそう ……… 7
Search for the pictures
イラストを見て、絵を探します。

なぞろう ……… 8
Trace letters
絵本に出てくることばの文字をなぞります。

せんでむすんでなぞろう ……… 9
Connect with lines and trace
絵と英語を線で結び文字をなぞります。

あたらしいことばをおぼえよう ……… 10
Learn more words
シールを貼って、新しいことばに親しみます。

かんがえよう

なにかな? ……… 12
What are they?
色を塗り、かくれている絵を探します。

なぞってみつけよう ……… 13
Track and find
線をなぞって見つけます。

わけてみよう ……… 14
Put into groups
3つのカテゴリーに分けます。

おもいうかべよう ……… 16
Imagine
知識と想像力をはたらかせて絵を描きます。

つくろう

ぬりえをしよう ……… 17
Enjoy coloring
好きな色で塗り絵をします。

つくろう ……… 18
Create your own picture
切って貼って、オリジナルの絵を作ります。

あそぼう

ごっこあそびをしよう ……… 21
Role-playing
想像力をはたらかせて会話を楽しみます。

ボードゲームをしよう ……… 22
Play a board game
ボードゲームをみんなで楽しみます。

カード ……… 25
Cards
ゲームに使うカードやサイコロ、絵カード

シール
Stickers
6ページ、10ページ、11ページ用のシールとできたね!シール

アクティビティブックについて

このアクティビティブックは
絵本 The Balloon Animals（別売り）に対応しています。
アクティブ・ラーニングの概念に沿った「学ぶ」「考える」「創作する」「遊ぶ」の
4つのカテゴリーで英語力と思考力、クリエイティビティ、協調性を育みます。

This activity book is based on the picture book "The Balloon Animals".
The activities in the four active learning categories of "learning", "thinking", "creating" and "playing" foster abilities in English language, thinking, creativity and collaboration through observation, word puzzles, chants, stickers, simple crafts and games.

ことばをまなぼう
Let's Learn

絵本に出てくる単語や関連する新しいことばをチャンツ、シール貼り、線結びなどを通して学びます。ここで楽しく身につけた語彙力が次からの活動の基礎となります。

かんがえよう
Let's Think

仲間分けや身近な場所、身の回りを観察するアクティビティを通して思考力を養います。答えが決まっていない活動は、子どもの自主性や自由な発想も養います。

つくろう
Let's Create

色塗りやシンプルな工作に取り組み、出来上がったものを英語で表現します。その過程で子どもは、創意工夫する喜びや表現する楽しさを経験し、創造力を身につけていきます。

あそぼう
Let's Play

ごっこあそびやボードゲームを通して、想像力や協調性を養います。また、これまでに習った英語を遊びを通して使うことにより「英語ができる！」という自信を育みます。

≡ アクティビティブックの効果的な使い方 ≡

1. まず、対応の絵本、DVDでストーリーを楽しみましょう。そのあとにこのアクティビティブックに取り組むと、学習効果がアップします。

2. アクティビティは、一度にたくさん進めるよりも、少しずつ楽しみながら取り組んでいきましょう。上手にできたら できたね！ シールを貼って、ほめてあげましょう。

3. このアクティビティブックの4〜5ページ、10〜11ページのチャンツはアプリで聴けますので、繰り返し聞いて英語の音やリズムを体で覚えていきましょう。（アプリの使い方は、24ページをご覧ください。）

指導者の方へ
教室では、一人一人の個性的な表現を尊重し、違いを認め合う雰囲気で活動を進めましょう。生徒が絵や作品について日本語で話した時は、それを英語に直して語りかけたり、その英語をリピートするように促したりして、英語を話せるように導きます。

保護者の方へ
絵本の世界を味わいながら、ゆったりとした気分で進めていきましょう。この本には、子どもの自由な表現を促す、答えが決まっていない活動も多く含まれています。 ⚠取り組みのヒントを参考に、子どもと一緒に伸び伸びと英語の探索を楽しみましょう。

3

えじてん
Picture dictionary

チャンツのリズムにのって、たんごをいいましょう。
Chant the words.

えじてんのえカード（p.27-29）であそびましょう。
Play with the picture cards on pages twenty-seven to twenty-nine.

🎵 スマートフォンをかざして
チャンツをききましょう
Listen to the chant with a smart phone.

できたね！
シール
sticker

① dog
② cat
③ fish
④ octopus
⑤ rabbit
⑥ bear
⑦ lion
⑧ monkey

ことばをまなぼう **Let's Learn**

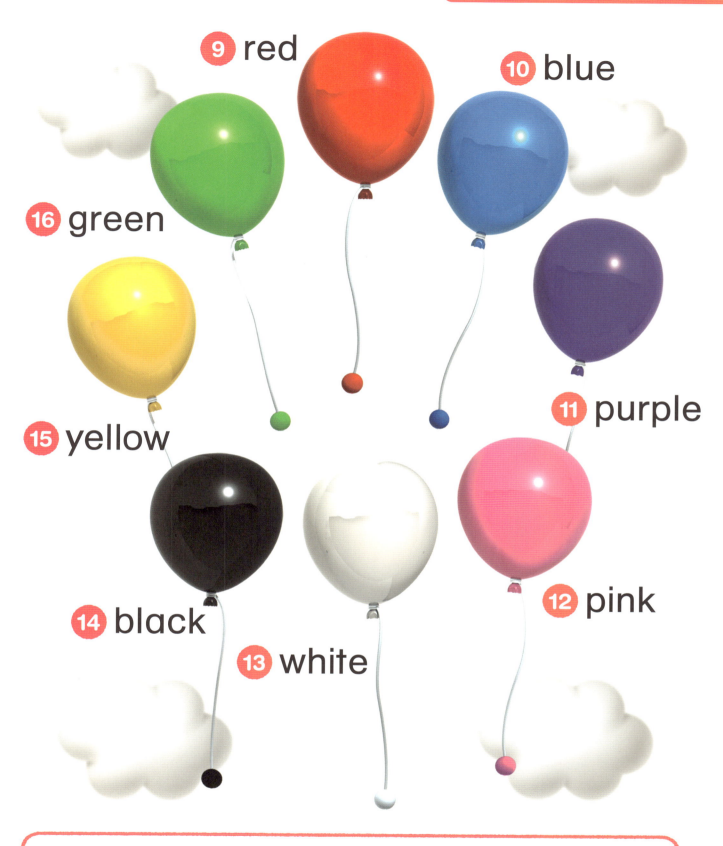

 チャンツを聴き、絵を指さしながら単語をリピートしましょう。音声を再生できない場合には、単語を読んであげてください。アクティビティをする前にチャンツの練習をすると、楽しみながら身につけることができます。また、27〜29ページの絵カードを使って仲間探しをしたり、裏返して「○○○カードはどれでしょう」とクイズをしたり、メモリーゲームをしたり、いろいろなアクティビティを楽しめます。

Children listen to the chant, look for the pictures and repeat the words. If you cannot listen to the audio, please read the words to the children. Learning will be fun if you repeat the chant each time before doing the activities. By using the picture cards on pages 27 to 29, you can enjoy activities like memory games and quizzes. (For example, pick up the card with the word ○○○.)

シールをはろう
Fun with stickers

えほんのバルーンどうぶつのいろがなにいろかかんがえて、
シールをはりましょう。
Find and place the stickers with the same colors.

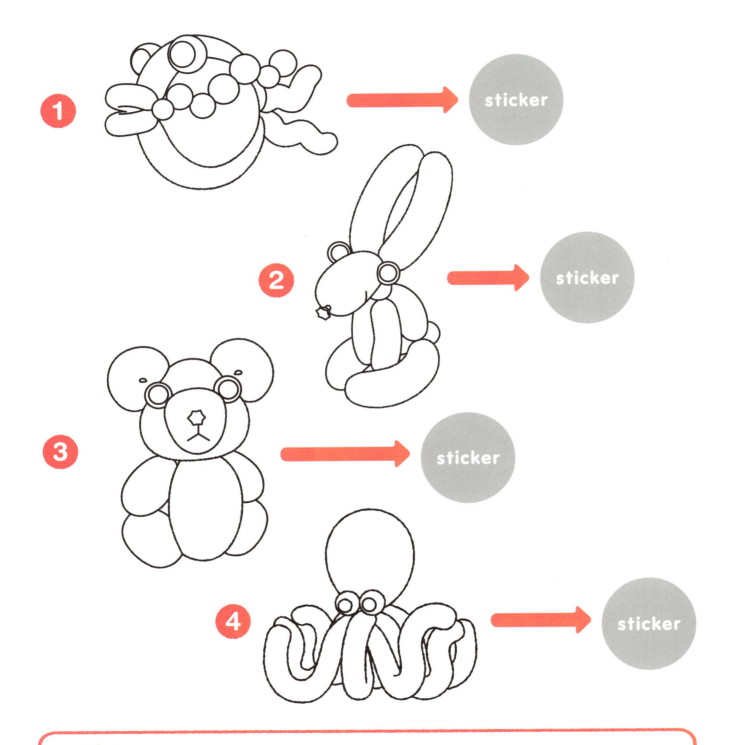

取り組みのヒント / Learning Tips

シールを貼る時には、一緒に英語を言ってみましょう。
Say the words together as children put the stickers in place.

ことばをまなぼう **Let's Learn**

さがそう
Search for the pictures

バルーンどうぶつたちは、おともだちをよんで
もっとおおきなモンスターをつくりました。ライオン、サル、
ネコ、イヌは、なんびきいるか ☐ にかずをかきましょう。
Find and write the number of animals in the ☐.

できたね！
シール
sticker

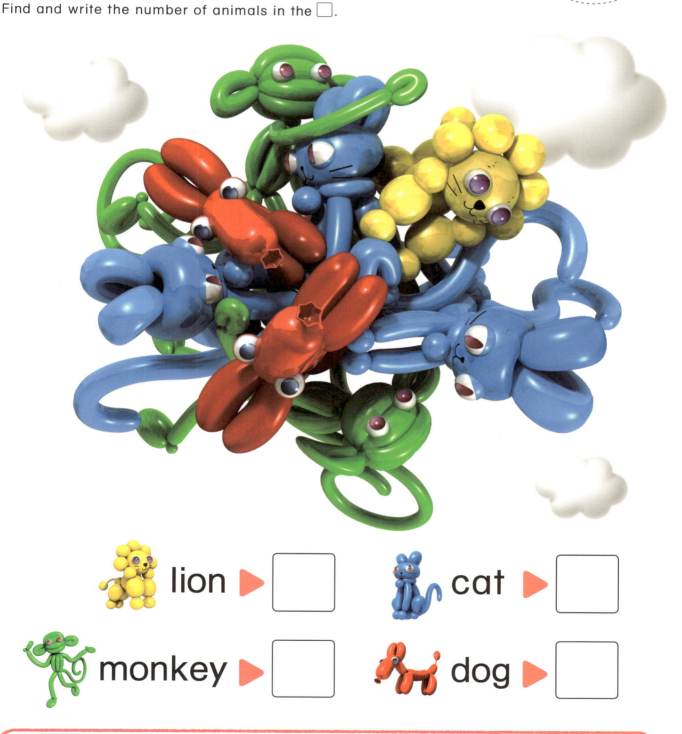

🦁 lion ▶ ☐   🐱 cat ▶ ☐

🐵 monkey ▶ ☐   🐶 dog ▶ ☐

取り組みのヒント **Learning Tips**

絵をよく見て、動物の数を ☐ に書きましょう。見つけた動物の名前を英語で言いましょう。
Children look carefully at the picture, write the number of animals in the ☐ and say the names of the animals in English.

7

なぞろう
Trace letters

えいごをいってなぞりましょう。
Say the words and trace.

 なぞる

できたね！
シール
sticker

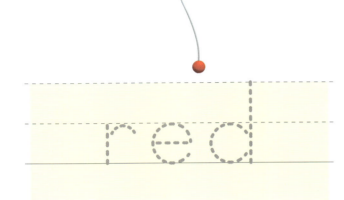

取り組みのヒント Learning Tips

なぞる前となぞった後に、英語を言ってみましょう。
Say the words in English before and after tracing them.

8

ことばをまなぼう Let's Learn

せんでむすんでなぞろう
Connect with lines and trace

えとえいごをせんでむすび、もじをなぞりましょう。
Connect the picture with the word and trace.

できたね！シール
sticker

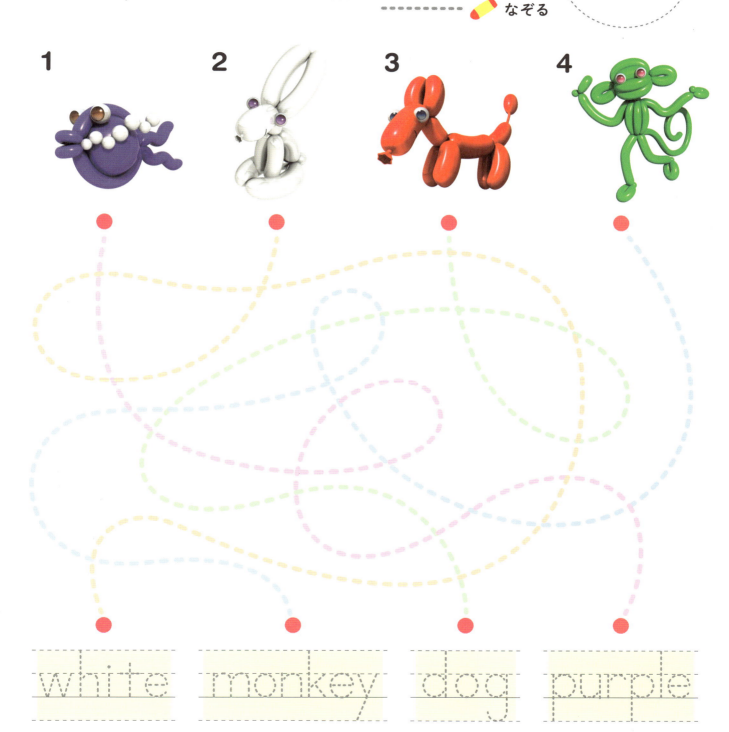

| white | monkey | dog | purple |

取り組みのヒント Learning Tips

英語を読めない子どもには、読んであげましょう。
Please read the words to children who cannot read.

あたらしいことばを おぼえよう
Learn more words

ほかにどんなことばがあるかな？
シールをはって、えカード（p.27-31）であそびましょう。
Find and place the stickers. Play a game with the picture cards on pages twenty-seven to thirty-one.

あたらしいことばの スマートフォンをかざして チャンツをききましょう
Listen to the chant with a smart phone.

できたね！シール
sticker

blue

gray

orange

green

brown

beige

rabbit

snake

raccoon

ことばをまなぼう **Let's Learn**

4

lion　　tiger　　elephant

5

fish　　crab　　shrimp

6

dog　　turtle　　hamster

取り組みのヒント **Learning Tips**

絵本に出てこない身近なことばを練習してみましょう。それぞれどんな仲間でしょうか。新しい単語はチャンツで聴くことができます。27〜31ページに絵カードがありますので、一人が単語を言って、もう一人がカードを取るような遊びをしてみましょう。

Let's practice some other words related to the words in the story. How are they connected? You can listen to the chants for pronunciation. You can use the picture cards on pages 27 to 31 to play a simple game where one person says a word and the other person finds the matching card.

なにかな？
What are they?

Bにあお、Yにきいろ、Pにむらさき、Rにあかをぬりましょう。
なにのえがでてくるかな？
B=blue Y=yellow P=purple R=red
What are the pictures?

B=**blue**   Y=**yellow**   P=**purple**   R=**red**

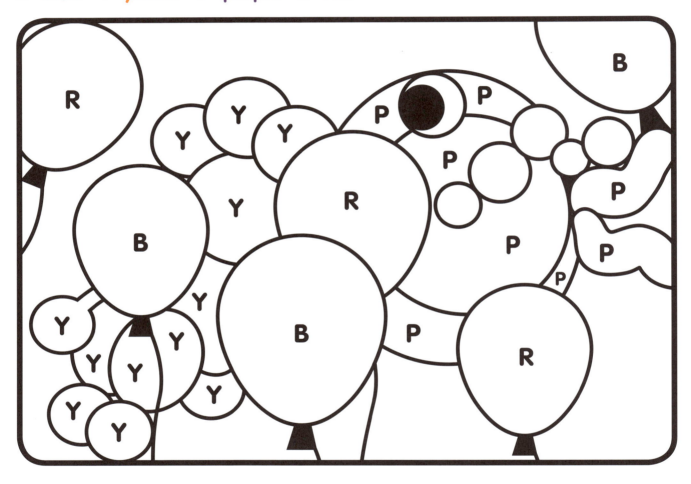

取り組みのヒント / Learning Tips

指示通りに色を塗ると、絵が出てきます。絵が出てきたら一緒に英語を言ってみましょう。

When the parts of the picture are colored in as indicated, some pictures are revealed. Say what they are together.

かんがえよう **Let's Think**

なぞってみつけよう
Track and find

イヌ、ネコ、サル、ウサギはどれがほしいでしょうか？
ふうせんをなぞって、ほしいものをみつけましょう。
Help the animals find what they want.

できたね！
シール
sticker

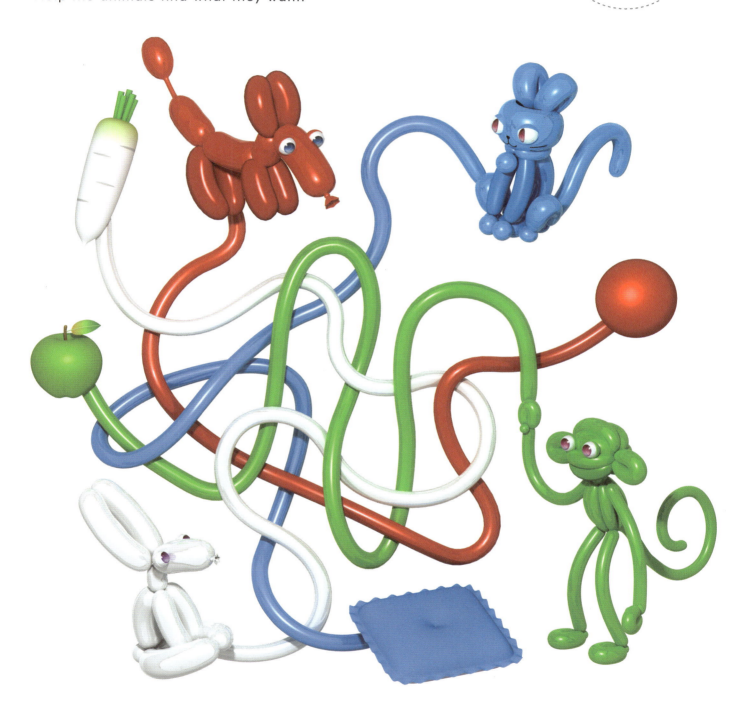

取り組みのヒント Learning Tips

線なぞりに慣れていない場合は、まず指でなぞってから、線を描くように声かけをしましょう。なぞった先にある ball、cushion、green apple、Japanese radish も英語で言えるか、試してみましょう。

Children who are not used to tracking activities should track the way with their finger first. After that, tell them to draw the line in the balloon. Encourage the child to say the words in English for the pictures (ball, cushion, green apple, Japanese radish).

わけてみよう
Put into groups

どうぶつたちは、どこにすんでいるでしょうか？
みぎのページにおうち、もり、うみにわけて、えをかきましょう。
Where do the animals on this page live?
In our homes, in the forest, or in the sea?
Draw the pictures on the next page.

できたね！
シール
sticker

かんがえよう **Let's Think**

● おうち
In our homes

● もり
In the forest

● うみ
In the sea

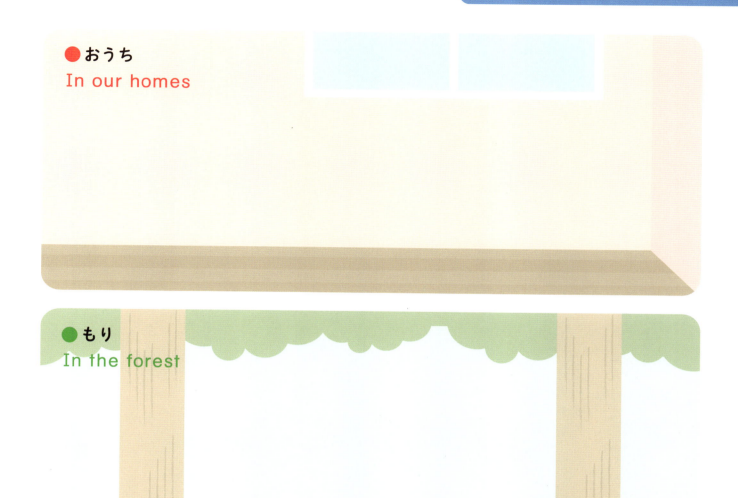

取り組みのヒント Learning Tips

動物はどこに住んでいるかを自分で考えて、絵を描きます。いろいろな場所に住んでいる動物もいます。例えば、魚は海にもお家にも住んでいますが、子どもの自由な表現を尊重しましょう。

Let children think for themselves where each animal lives and draw the pictures in the categories- in our homes, in the forest, or in the sea. Some animals live in various places. For example, fish may live in our homes or in the sea. It is important to respect the child's free expression.

おもいうかべよう
Imagine

ふたつのいろのえのぐをまぜたら、どんないろになるかな？
できあがるいろをえのぐのところにぬりましょう。
そのいろをつかって、すきなどうぶつをかきましょう。
What colors can you make if you mix the colors in the tubes? Color them in.
Then, draw your favorite animal, and color in the picture with one of the mixed colors.

できたね！
シール
sticker

 red

 blue

 yellow

うえのいろを
つかって、
すきなどうぶつを
かきましょう。

取り組み
のヒント
Learning Tips

楽しく色遊びをしながら知識を広げましょう。絵が描けたら、orange rabbit、green rabbit、purple rabbit などのように言ってみましょう。

Children can enjoy mixing colors and widen their knowledge of colors, too. Have children say the words to describe their picture, for example, "Orange rabbit."

つくろう **Let's Create**

ぬりえをしよう
Enjoy coloring

すきないろでぬりましょう。
Color the picture.

できたね！
シール
sticker

取り組みのヒント Learning Tips
色を塗ったら、英語で言えるものを一緒に探して言ってみましょう。
After children have colored in the picture, search for words together that they can say in English.

17

つくろう
Create your own picture

バルーンモンスターをつくろう。
みぎのページのいろいろなかたちのふうせんをきってはりましょう。
Make your own balloon monster. Cut and paste.

できたね！
シール
sticker

取り組みのヒント
Learning Tips

19ページの絵を切り離して、このページに並べて貼って、自分で考えたモンスターを作りましょう。出来上がったら英語で色を言ったり、It's cute / pretty / colorful.（かわいいね・きれいだね・カラフルだね）などと言ってみましょう。

After cutting out the items on page 19, have children make their own balloon monster. After finishing, they can try to say the words for the colors and other words in English, such as "It's cute/ pretty/ colorful."

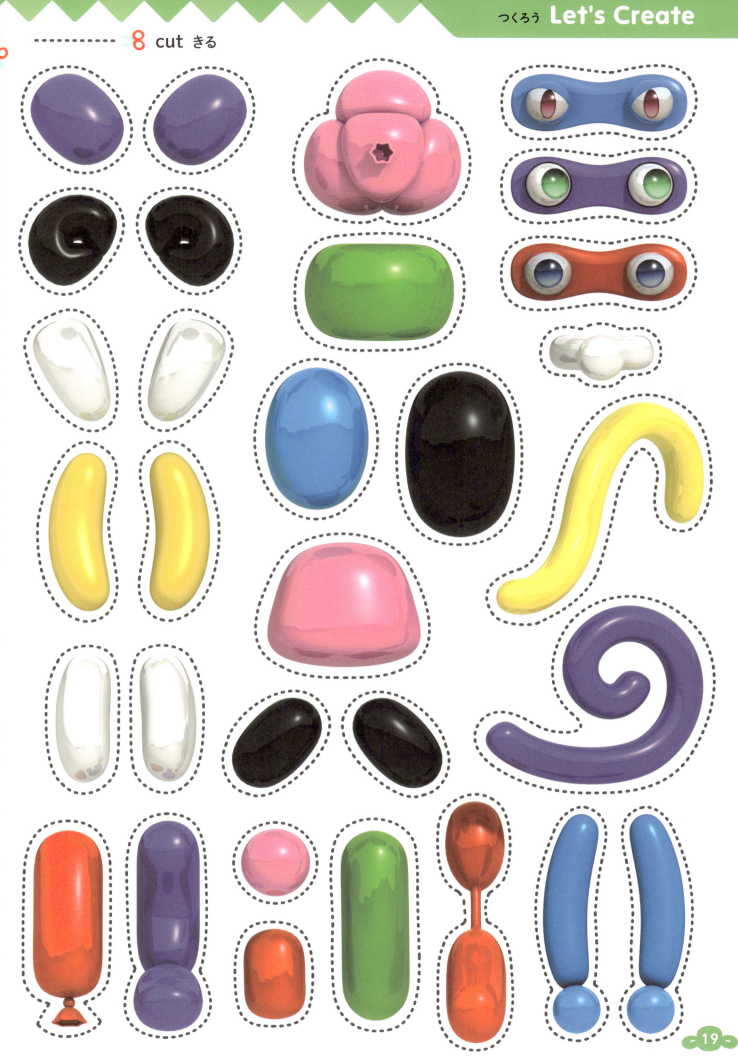

あそぼう **Let's Play**

ごっこあそびをしよう
Role-playing

えをみてまねをしましょう。
Look at the pictures and practice.

できたね！
シール
sticker

取り組みのヒント Learning Tips
自分がしたい事 I want to... を練習してみて、相手を How about you? と誘って、身近な場面で使ってみましょう。家族同士、友達同士と会話をして、Yes, me too. も使ってみましょう。
Have the child practice saying what they want to do ("I want to...") and inviting others to join them ("How about you?") in their daily life. They can try using "Yes, me too." with family and friends.

ボードゲームをしよう
Play a board game

6にんまであそべます
25ページのカード、サイコロをつかいます。
Use the pieces on page 25.

バルーンどうぶつとあそぼう
Play with the balloon animals.

6ぴきのバルーンどうぶつとあそぶゲームです。
・バルーンどうぶつのカードをそれぞれのどうぶつのえのうえにおきましょう。
・じゅんばんにサイコロをふって、たとえばきいろがでたら、"I want to play with the yellow cat."といって、きいろのネコのカードを1まいもらいます。もし、またきいろがでたときは、"See you, yellow cat."といい、おなじカードはもらえません。
・いちばんはやくバルーンどうぶつ6ぴきのカードをあつめたひとがかちです！

"See you, ___."を"Bye, ___!"といって、れんしゅうするのもいいよ！

カードをもらうときに"Yellow cat, please."や"I want the yellow cat."といっても、たのしくあそべるよ！

blue fish

purple octopus

あそぼう **Let's Play**

black dog

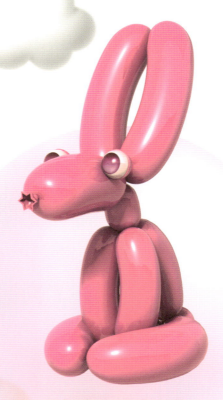
pink rabbit

yellow cat

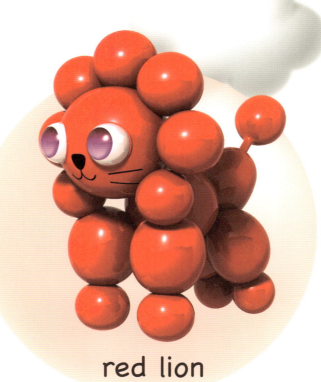
red lion

- Collect the six animals shown on these two pages.
- Put the animal cards on each picture of the animal here.
- Roll the dice in turn. If you get yellow, say "I want to play with the <u>yellow cat</u>." and get the yellow cat card. If you get yellow again you say "See you, <u>yellow cat</u>." and do not get an animal card.
- The winner is the one who collects all six balloon animal cards first.

アプリの使い方

♪ スマートフォンをかざして チャンツをききましょう ♪ あたらしいことばの スマートフォンをかざして チャンツをききましょう のページ（p.4-5、10-11）では、英語の音声を聴くことができます。
以下の方法で、お手持ちのスマートフォンやタブレットにアプリ（無料）をダウンロードしてご使用ください。

アプリダウンロード方法

オトキコ

お持ちのスマートフォンやタブレットで下記のQRコードを読み込んでください。
※ QRコードリーダーをインストールされている方

| iphone、iPadをお使いの方 |  | Android端末をお使いの方 | |

または

AppStore／Googleplayで検索の枠に
『mpiオトキコ』と入力して検索をしてください。

※ iphone、iPad、AppStore、MacOSは、米国およびその他の国々で登録されたApple Inc.の商標または登録商標です。
※ Android、Googleplayは、Google Inc.の商標または登録商標です。

● 著者紹介

Patricia Daly Oe（大江 パトリシア）

イギリス、ケント州出身。日本の英語教育に従事するかたわら、数多くの紙芝居と絵本を創作。著書に『Peter the Lonely Pineapple』『Blue Mouse, Yellow Mouse』『Lily and the Moon』などがある。英会話を教えていて、英語の先生のためのワークショップを開催しながら、ナレーションの活動や子供のイベントなどもしている。
Patricia Daly Oe is a British picture book author and teacher who also enjoys giving presentations. and holding events for children.
公式ホームページ ● http://www.patricia-oe.com

中村 麻里

金沢市にて英会話教室イングリッシュ・スクエアを主宰。幼児から高校生の英語指導にあたるかたわら英語教材、絵本の執筆、全国での講演にたずさわり、主体性や表現力など21世紀型スキルを伸ばす指導法の普及につとめている。イギリス・アストン大学TEYL（Teaching English to Young Learners）学科修士課程修了。2013年 JALT学会 Best of JALT（ベスト・プレゼンター賞）受賞。
Mari Nakamura is a school owner, teacher trainer and ELT materials writer who loves good stories and playing with children.
公式ホームページ ● http://www.crossroad.jp/es/

The Balloon Animals アクティビティブック

発行日　2017年9月27日　初版第1刷
　　　　2019年1月18日　初版第2刷

執筆	Patricia Daly Oe / Mari Nakamura
イラスト	松林 あつし
デザイン	柿沼 みさと、島田 絵里子
協力	mpi English School 本部校
英文校正	Glenn McDougall
編集	株式会社 カルチャー・プロ
音楽	株式会社 Jailhouse Music
プロデュース	橋本 寛
録音	株式会社 パワーハウス
ナレーション	Rumiko Varnes
印刷	シナノ印刷株式会社
発行	株式会社mpi松香フォニックス 〒151-0053 東京都渋谷区代々木2-16-2甲田ビル2F phone 03-5302-1651　fax 03-5302-1652 URL　https://www.mpi-j.co.jp

不許複製 All rights reserved.
©2017 mpi Matsuka Phonics inc.
ISBN978-4-89643-574-0

[22〜23ページ ボードゲーム]　バルーンどうぶつのカード、サイコロをきりはなしましょう。

● カード cards

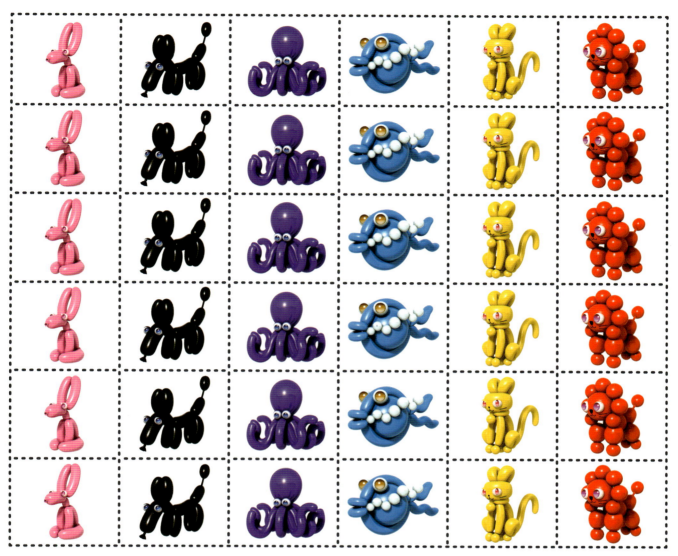

------ ✂ cut きる
　　　　glue はる
　　　　fold やまおり

● サイコロ
dice

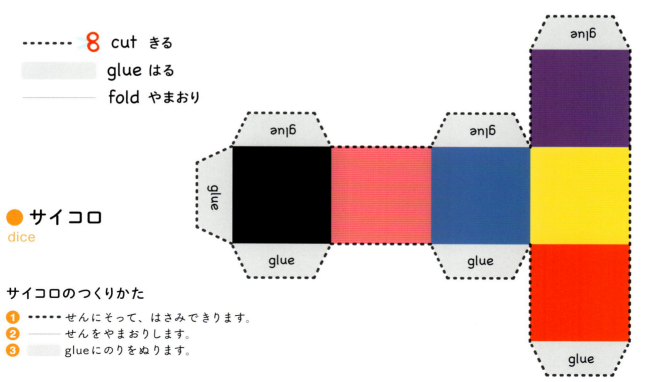

サイコロのつくりかた
1 ------ せんにそって、はさみできります。
2 ──── せんをやまおりします。
3 　　　 glueにのりをぬります。

［4〜5/10〜11ページ　えカード］
ごうけい30まい（よび2まい）

Picture cards for pages 4-5 and 10-11
30 cards (with 2 extras)

✂ cut きる

dog

cat

fish

octopus

rabbit

bear

lion

monkey

red

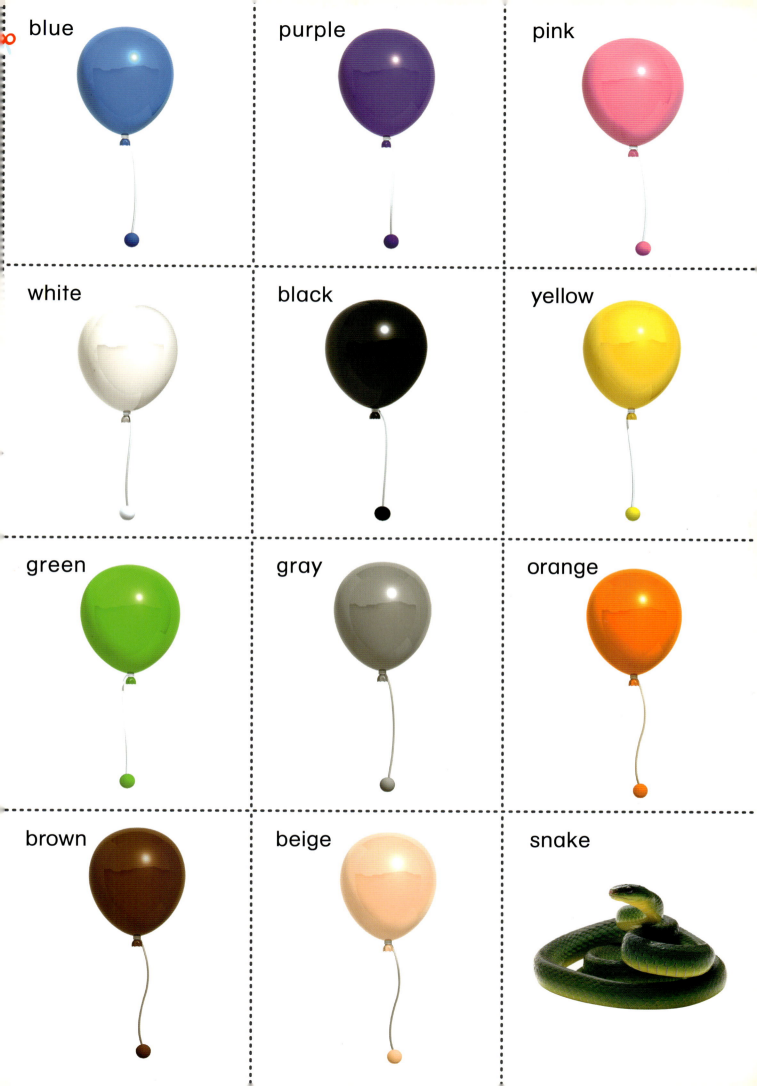

The Balloon Animals The Balloon Animals The Balloon A
Animals The Balloon Animals The Balloon Animals The B
Balloon Animals The Balloon Animals The Balloon Animals
The Balloon Animals The Balloon Animals The Balloon A
Animals The Balloon Animals The Balloon Animals The B
Balloon Animals The Balloon Animals The Balloon Animals
The Balloon Animals The Balloon Animals The Balloon A
Animals The Balloon Animals The Balloon Animals The B
Balloon Animals The Balloon Animals The Balloon Animals
The Balloon Animals The Balloon Animals The Balloon A
Animals The Balloon Animals The Balloon Animals The B
Balloon Animals The Balloon Animals The Balloon Animals
The Balloon Animals The Balloon Animals The Balloon A
Animals The Balloon Animals The Balloon Animals The B
Balloon Animals The Balloon Animals The Balloon Animals
The Balloon Animals The Balloon Animals The Balloon A
Animals The Balloon Animals The Balloon Animals The B
Balloon Animals The Balloon Animals The Balloon Animals
The Balloon Animals The Balloon Animals The Balloon A
Animals The Balloon Animals The Balloon Animals The B
Balloon Animals The Balloon Animals The Balloon Animals
The Balloon Animals The Balloon Animals The Balloon A
Animals The Balloon Animals The Balloon Animals The B
Balloon Animals The Balloon Animals The Balloon Animals
The Balloon Animals The Balloon Animals The Balloon A
Animals The Balloon Animals The Balloon Animals The B
Balloon Animals The Balloon Animals The Balloon Animals
The Balloon Animals The Balloon Animals The Balloon A
Animals The Balloon Animals The Balloon Animals The B
Balloon Animals The Balloon Animals The Balloon Animals
The Balloon Animals The Balloon Animals The Balloon A
Animals The Balloon Animals The Balloon Animals The B
Balloon Animals The Balloon Animals The Balloon Animals
The Balloon Animals The Balloon Animals The Balloon A
Animals The Balloon Animals The Balloon Animals The B
Balloon Animals The Balloon Animals The Balloon Animals
The Balloon Animals The Balloon Animals The Balloon A
Animals The Balloon Animals The Balloon Animals The B
Balloon Animals The Balloon Animals The Balloon Animals
The Balloon Animals The Balloon Animals The Balloon A
Animals The Balloon Animals The Balloon Animals The B
Balloon Animals The Balloon Animals The Balloon Animals
The Balloon Animals The Balloon Animals The Balloon A
Animals The Balloon Animals The Balloon Animals The B
Balloon Animals The Balloon Animals The Balloon Animals
The Balloon Animals The Balloon Animals The Balloon A
Animals The Balloon Animals The Balloon Animals The B
Balloon Animals The Balloon Animals The Balloon Animals
The Balloon Animals The Balloon Animals The Balloon A
Animals The Balloon Animals The Balloon Animals The B
Balloon Animals The Balloon Animals The Balloon Animals
The Balloon Animals The Balloon Animals The Balloon A
Animals The Balloon Animals The Balloon Animals The

raccoon	tiger	elephant
crab	shrimp	turtle
hamster